MÉTHODE

D'ORTHOGRAPHE

DESTINÉE

Aux Élèves qui peuvent commencer à copier et à écrire
sous la dictée, où sont aplanies les principales
difficultés orthographiques, et préparant
à l'étude de la Grammaire

D'APRÈS UN NOUVEAU SYSTÈME

Par J...

A...... l......

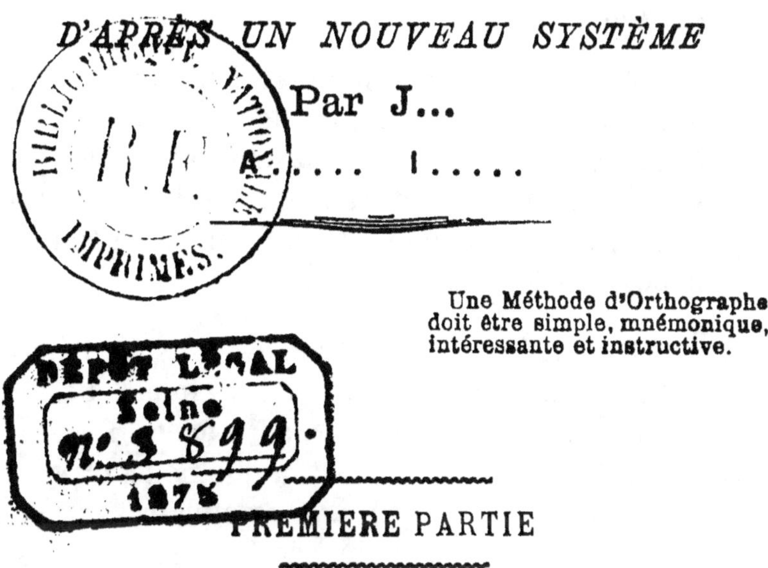

Une Méthode d'Orthographe
doit être simple, mnémonique,
intéressante et instructive.

PREMIERE PARTIE

ORTHOGRAPHE ÉLÉMENTAIRE

PARIS

Imprimerie Hartard et Cie, faub. Saint-Antoine, 159

1875

302. Alexandre, César, Mahomet et. . . . . . sont les guerriers les plus remarquables du monde, ou ceux qui, par leurs actes sanguinaires, féroces, ont fait le plus de bruit, le plus parler d'eux. Ces quatre monarques, d'une ambition folle, excessive, d'un faux jugement, ravagèrent chacun une quantité de nations, ils rougirent et abreuvèrent la terre de sang, ils se montrèrent barbares, inhumains, fous ou sans raison, sans morale, sans conscience, sans religion.

306. Si ceu... qui pense... et juge... comprenai...t la beauté et la grandeur de notre existence il... étudi...rai...t et pratiquerai...t leur... devoir... morau... et religieu..., il... le ferai...t avec.. goù... et zèle, parce qu'il... en sentirai...t le besoin et l'avantage.

310. Livré... à nous-même..., ou à l'éta... de nature, nous so...me... tous imparfait..., méchan...., dur..., injuste..vicieu.. Tel... il convien... étan... jeune..., que nous travaillion.. à nous perfectio...ner, à nous étudier, à acquérir la co...nai...sance complète de nous-même..., à dévelo...per entièremen... ce que nous avon... de meilleur et de plus noble en nous. Et ce qui, à cet égar..., y est le plus propre, est néce...sairemen... l'instruction morale et religieuse.

Alinéas extraits de la 2ᵉ partie de cet ouvrage, ou exercices orthographiques sur l'orthographe des verbes de la 3ᵉ personne du pluriel à lettres nulles, et sur l'orthographe générale.

PRÉFACE

Faciliter l'étude de l'orthographe aux jeunes élèves qui peuvent commencer à copier et à écrire sous la dictée, les préparer à celle de la Grammaire, leur rendre, avec goût, l'une et l'autre attrayantes, compréhensibles, mnémoniques, enfin méthodiques et instructives; tel est le but de cet ouvrage, dont le plan est presque le même que celui de notre méthode de lecture.

Nous parvenons à ce fait en classifiant les mots, en commençant par les plus faciles à écrire, en continuant graduellement par ceux qui doivent être de plus en plus difficiles, jusqu'à l'orthographe générale. Et en procédant ainsi avec le plus d'art et de soin possible nous mettons les adultes peu avancés en état d'apprendre seuls l'orthographe, en quelques mois, avantage qu'on ne leur a pas encore offert jusqu'à ce jour.

Pour bien atteindre notre but nous ne nous servons point du système cacographique, reconnu défectueux, nous lui préférons celui des mots à lettres finales manquantes, remplacées par une traînée de petits points. Ce dernier, en forçant les élèves à chercher et à trouver par eux-mêmes les lettres finales qui manquent, leur plaît, les encourage, il excite leur amour-propre, on le sent, et c'est ce qui a dû nous engager à en faire usage ici.

Nous le complétons par un autre de nous, à l'aide duquel nous inculquons vite la connaissance élémentaire de nos dix espèces de mots. Il consiste à se servir de chiffres qui se correspondent, placés sur les mots à étudier, puis de petits exemples d'analyse grammaticale simple, très-faciles, dont tous les mots sont numérotés par des chiffres se correspondant.

Ainsi, par ce procédé aussi neuf qu'avantageux, où, comme dans notre méthode de lecture, nous passons toujours, pour chaque chose nouvelle, du connu au connu (ou ce qui suit est toujours formé de ce qui précède), où les mêmes mots reparaissent souvent sous des formes différentes, où nous offrons quantité de mots historiques et géographiques, dont l'orthographe est en rapport avec celle des leçons où ils figurent, où ils préparent, avec méthode, à l'étude de l'histoire et de la géographie générales, nous développons rapidement et convenablement l'intelligence enfantine, nous la forçons, par là, à bien saisir et retenir ce qu'elle étudie, et d'une manière agréable. Voilà, on le comprend sans peine, pour bien enseigner l'orthographe et préparer à l'étude de la grammaire, la partie vraiment neuve, satisfaisante, désirable.

Dans cet ouvrage qui manquait aux écoles primaires, nous n'avons pas seulement dû nous appliquer à être méthodique et instructif, mais à donner également dans une même leçon des exercices pratiques propres à occuper les élèves aux heures d'étude, au moins pendant vingt ou trente minutes. Nous avons d'abord eu cette bonne idée de nous-même, puis d'un instituteur expérimenté, de goût. Et ceci nous a conduit à mettre, dans chaque leçon de trois à six alinéas pratiques, c'est-à-dire des dictées de trois à six lignes, en moyenne. Et par cette dernière opération, aussi profitable aux maîtres qu'aux élèves, nous nous sommes porté à croire que, par son plan et son exécution, cette méthode est digne de l'attention des connaisseurs, et qu'elle devra être appréciée et accueillie par tout le corps enseignant.

DE L'ENSEIGNEMENT ÉLÉMENTAIRE

PAR QUESTIONS OU SANS QUESTIONS

Depuis quarante ans, ou depuis la fondation des écoles primaires on a fait, en France, beaucoup de méthodes de tous genres, de lecture, d'écriture, d'orthographe, de musique, de dessin, etc. ; on en a senti le besoin pour instruire l'enfance vite et bien : c'était inévitable, naturel au progrès. Mais ce qu'on n'a pas encore fait jusqu'à ce jour, et ce qui est pourtant très-utile, c'est de savoir si, pour instruire l'enfance vite et bien, on doit procéder par questions ou sans questions.

Pour notre compte nous préférons la première idée, et voici pourquoi : c'est que, bien posée, la question donne de la prise à l'intelligence, de la force à la mémoire, elle est une espèce de levier ; elle habitue l'enfant à être maître et élève, elle le force à penser, à juger, à comparer, elle l'exerce à s'exprimer convenablement, à formuler ses idées, ce qui est un avantage immense pour lui.

Voilà ce qui nous a engagé à procéder plutôt par questions que sans questions. Mais dans la crainte de nous tromper, de voir faux, nous ne nous en sommes pas rapporté uniquement à nous-même, à notre propre jugement, car nous avons consulté, à cet effet, à Paris, plus de cinquante instituteurs ou institutrices. Et tous, dans cette vue, nous ont assuré, excepté deux ou trois, que, pour leur part, ils préféraient l'enseignement par questions à celui sans questions, ils en jugeaient par le catéchisme, que les jeunes élèves comprennent et retiennent beaucoup mieux que les autres livres, que ceux où on n'instruit pas par questions, ou par demandes et réponses.

D'après cet aveu et la preuve incontestable que ce n'est qu'à force de voir, d'entendre, de dire et de faire que les enfants de sept à dix ans peuvent comprendre et retenir ce qu'ils étudient, nous avons dû préférer, dans cet ouvrage, l'enseignement par questions à celui sans questions, et par la raison que, dans le premier, on voit toujours deux fois la même chose, dans la demande et la réponse.

Nous ne devons point manquer de faire remarquer ici que, comme méthode, principes et idées, nous n'avons pas seulement perfectionné l'art d'enseigner la lecture et l'orthographe, mais aussi celui de l'exécution typographique ou de la manière de bien disposer les exemples, les alinéas, les lignes, et de les rendre, par ce fait, plus compréhensibles, plus mnémoniques, moins fatigants. De là, on doit nécessairement voir que ce qui est bien présenté à la vue l'est de même pour la conception, ou que l'un dans ce cas, facilite, avantage l'autre.

DE LA PRATIQUE DE CETTE MÉTHODE

Pour enseigner convenablement l'orthographe, d'après cette méthode, il faut faire apprendre de mémoire, et réciter, une à une, toutes les leçons théoriques, puis faire copier et écrire, sous la dictée, après chacune de ces leçons, toutes les leçons pratiques. Quant à ces dernières on ne doit pas, pour les corrections, faire répéter, pour chaque mot, les lettres, les syllabes et les mots, comme on le fait dans la lecture élémentaire, on doit agir ainsi :

1ᵉʳ EXEMPLE

Hélène d'Angoulême aura une jolie couronné de fleurs.

Hélène, grand h, e accent aigu, l, e accent grave, n, e, *d'Angoulême*, d apostrophe, grand a, n, g, o, u, l, e accent circonflexe, m, e ; *aura*, a, u, r, a ; *une*, u, n, e ; *jolie*, j, o, l, i, e ; *couronne*, c, o, u, r, o, deux n, e ; *de*, d, e ; *fleurs*, f, l, e, u, r, s ; un point à la ligne.

2me EXEMPLE

Hélène d'Angoulême aura une jolie couronne de fleurs.

Hélène, grand h, e accent aigu, hé, l è, lè, hélè, accent grave, n, e, ne, Hélène ; *d'Angoulême*, d apostrophe, grand a, n, d'An, g, o, u, gou, d'Angou, l, e accent circonflexe, lê, d'Angoulê, m, e, me, d'Angoulême ; *aura*, a, u, au, r, a, ra, aura ; *une*, u, n, e, ne, une ; *jolie*, j, o, jo, l, i, e, lie, jolie ; *couronne*, c, o, u, cou, r, o, n, ron, couron, n, e, ne, couronne ; *de*, d, e, de ; *fleurs*, f, l, e, u, r, s, fleurs ; un point à la ligne.

On voit, par ces deux exemples, que le premier système de corrections orthographiques est bien plus bref et bien plus compréhensible que le second, presque en usage partout, mais qui disparaîtra tout à fait à mesure qu'on en sentira la supériorité, le besoin. Où l'un de ces deux systèmes est défectueux, long, c'est surtout pour les doubles consonnes, prononcées séparément :

Camille frappe Pierre.

Camille, grand c, a, Ca, m. i, l, mil, Camil, l, e, le, Camille, *frappe*, f, r, a, p, frap, p, e, pe, frappe ; *Pierre*, grand p, i, e, r, Pier, r, e, re, Pierre ; un point à la ligne.

Comme cette manière de faire corriger les fautes dans la lecture d'une dictée est défectueuse, longue, nous engageons fortement les instituteurs qui la suivent à l'abandonner, à lui préférer la nouvelle, qui, pour l'honneur et l'avantage de l'Enseignement doit devenir uniforme dans toute la France, et le plus vite possible.

MÉTHODE D'ORTHOGRAPHE

PREMIÈRE PARTIE

PREMIÈRE LEÇON
DE L'ORTHOGRAPHE

1. *Qu'est-ce que l'orthographe ?*

2. L'orthographe est l'art d'écrire les mots, d'après l'usage et les règles de la grammaire.

3. *Qu'est-ce que la grammaire ?*

4. La grammaire est l'art de parler et d'écrire correctement.

5. *Pour parler et pour écrire, de quoi se sert-on ?*

6. Pour parler et pour écrire, on se sert de dix espèces de mots, appelées les dix parties du discours.

7. *Quelles sont nos dix espéces de mots ?*

8. Nos dix espèces de mots sont : les substantifs, les articles, les adjectifs, les pronoms, les verbes, les participes, les adverbes, les prépositions, les conjonctions, les interjections.

2ᵐᵉ LEÇON
DES SIGNES DE L'ÉCRITURE ET DE LA LECTURE

9. *Pour écrire et pour lire de quoi se sert-on ?*

10. Pour écrire et pour lire on se sert de vingt-cinq lettres, de sept signes orthographiques et de six signes de ponctuation.

11. *Quelles sont nos vingt-cinq lettres ?*

12. Nos vingt-cinq lettres sont : a, b, c, d, e, f, g, h, i, j, k, l, m, n, o, p, q, r, s, t, u, v, x, y, z.

13. *Quels sont nos sept signes orthographiques ?*

14. Nos sept signes orthographiques sont : l'accent aigu (´), l'accent grave (`), l'accent circonflexe (^), le tréma (¨), l'apostrophe ('), le trait d'union (-), la cédille (,).

15. *Quelles sont nos six signes de ponctuation ?*

16. Nos six signes de ponctuation sont : la virgule (,), le point virgule (;), le deux points (:), le point (.), le point interrogatif (?), le point exclamatif (!).

3ᵐᵉ LEÇON

DES VOYELLES ET DES CONSONNES

17. *En combien de classes divise-t-on les vingt-cinq lettres ?*

18. On divise les vingt-cinq lettres en deux classes, en voyelles et en consonnes.

19. *Combien y a-t-il de voyelles et comment les nomme-t-on ?*

20. Il y a six voyelles, qui sont : a, e, i, o, u, y.

21. *Pourquoi les voyelles sont-elles ainsi nommées ?*

22. Les voyelles sont ainsi nommées par la raison qu'elles forment, par elles-mêmes ou sans le secours des consonnes, une voix ou un son : *O*, au ; *A*, ha ! *U*, hu, etc.

23. *En combien de classes divise-t-on les voyelles ?*

24. On divise les voyelles en deux classes, en voyelles longues et en voyelles brèves.

25. *Quelles sont les voyelles longues ?*

26. Les voyelles longues sont celles qui sont surmontées d'un accent circonflexe, et sur lesquelles on appuie un peu, en ouvrant les lèvres : âme, fête, dîme, pôle, mûre.

27. *Quelles sont les voyelles brèves ?*

28. Les voyelles brèves sont celles qui ne sont point surmontées d'un accent circonflexe, ou celles sur lesquelles on passe rapidement : rame, demi, rire, mode, lune.

29. *Combien y a-t-il de consonnes, et comment les nomme-t-on ?*

30. Il y a dix-neuf consonnes, qui sont : b, c, d, f, g, h, j, k, l, m, n, p, q, r, s, t, v, x, z.

31. *Pourquoi les consonnes sont-elles ainsi nommées ?*

32. Les consonnes sont ainsi nommées par la raison qu'elles ne peuvent former, par elles-mêmes, ni une voix ni un son : sp, nl, rs, ght, etc.

4° LEÇON

DES MOTS LES PLUS PROPRES AUX PREMIÈRES LEÇONS D'ORTHOGRAPHE

33. *Par quels mots doit-on commencer pour apprendre l'orthographe ?*

34. On doit commencer à apprendre l'orthographe par les mots les plus faciles à écrire.

35. *Quels sont les mots les plus faciles à écrire ?*

36. Les mots les plus faciles à écrire sont ceux qui ne

représentent qu'une seule personne ou qu'une seule chose, qu'on écrit tels qu'on les prononce, sans signe orthographique, d'une ou de deux lettres par syllabe, et dont chaque syllabe n'a qu'une voyelle, ou qu'une consonne suivie d'une voyelle : a mi, o li ve, pa pe, ma da me, lu ne, ra ve.

5ᵉ LEÇON

EXERCICES ORTHOGRAPHIQUES SUR LES MOTS DU NOMBRE SINGULIER LES PLUS FACILES A ÉCRIRE OU FORMÉS DES SYLLABES : PA, RE, DI, MA, VE, TA, LU, ETC.

37. Papa, jupe, ami, salade, madame, rire, fine, robe, limonade, puni, nature, lyre, salade, lune, parure, menu, solitude, pape, maxime, petite, mari, olive, ride, domino, salive, marine, volume, mode, parole.

38. Divine, pilote, taxe, avare, poli, animale, midi, parade, ove, solive, zibeline, valide, pipe, farine, type, rapide, demi, morale, venu, madone, rame, timide, jury, serine, minute, popeline, navire, panade.

39. Bitume, pyramide, farine, joli, matelote, aromate, revenu, date, marinade, utile, luxe, filature, boxe, tirade, maritime, sire, volute, native, samedi, fixe, azote, nomade, latine, patate, rime, fatale, axe, rade, limure.

40. Parabole, malade, lime, uni, fatale, paradoxe, solide, javeline, mule, limite, bobine, rave, ovale, dorure, pilori, aride, sonore, fini, note, livide, mine, levure, muni, lama, vite, ravi, orale, dune.

6° LEÇON

EXERCICES ORTHOGRAPHIQUES SUR DES PHRASES DONT LES MOTS SONT FORMÉS DES SYLLABES : PA, RE, DI, MA, VE, TA, LU, ETC.

41. Aline, sale la panade de papa, la salade de Remi, la marinade de Numa et la matelote de Pilate.

42. Valeri a une lime, une virole, une bobine, une lyre, une pelote, une badine, une pipe et une javeline.

43. Fare lavera, samedi, à midi, la robe de popeline de madame Molina, la jupe de bure de Zulima et la parure marine de Lazare.

44. Anatole a vu Novare, Tivoli, Rome, Udine, Lodi, Bude, Rivoli, Bade, Vire, Savone, Toro, Lure, Novi, ... et Tarare.

45. Ovide va lire, à la minute : une ode latine à Numa, à Pilate, à Remi, à Anatole, à Valeri, à Aline, à Zulima, à Fare et à Molina.

7° LEÇON

DE L'E

46. *Combien y a-t-il d'e, et comment les nomme-t-on?*

47. Il y a trois e, qui sont : l'e muet (e), l'e fermé (é), l'e ouvert (è).

48. *Quel son a l'e muet ?*

49. L'e muet a un son sourd : petite, venu, rave, une.

50. *Quel son a l'e fermé ?*

51. L'e fermé a un son aigu : pavé, limé, adoré, miné.

52. *Quel son a l'e ouvert ?*

53. L'e ouvert a un son grave : père, modèle, sème, remède.

8e LEÇON

DE L'ACCENT AIGU, DE L'ACCENT GRAVE, DE L'ACCENT CIRCONFLEXE

54. *Sur quel e met-on l'accent aigu ?*

55. On met l'accent aigu sur l'e fermé : volé, mérite, semé, levé.

56. *Sur quel e met-on l'accent grave ?*

57. On met l'accent grave sur l'e ouvert : fève, mère, fidèle, relève.

58. *Sur quelles lettres met-on l'accent circonflexe ?*

59. On met l'accent circonflexe sur les voyelles longues, pour faire appuyer un peu dessus, ou pour remplacer quelques lettres supprimées, dont on se servait dans l'ancienne orthographe, mais principalement l's ; pâle, fête, dîme, môle, sûre.

9e LEÇON

EXERCICES ORTHOGRAPHIQUES SUR LES MOTS QUI ONT : OU L'ACCENT AIGU, OU L'ACCENT GRAVE, OU L'ACCENT CIRCONFLEXE.

60. Mérite, père, rêve, pâte, adoré, fidèle, âme,

volé, fête, ridé, mûre, fumé, mâle, révéré, pâli, numéroté, pèlerine, minérale, pâturage.

61. Mâture, démoli, modèle, évité, sévère, numéro, démâté, mère, dôme, fédérale, abîme, arène, élève, rôti, comète, adoré, même, zèle, pâte, zéro.

62. Limé, pâture, tête, sève, bâti, sirène, vérité, pôle, fève, animé, râpe. vipère, épuré, murène, arête, sûreté, amère, mûri, fidélité, remède, animé.

10° LEÇON

EXERCICES ORTHOGRAPHIQUES SUR DES PHRASES FOR-MÉES DE MOTS QUI ONT OU L'ACCENT AIGU, OU L'ACCENT GRAVE, OU L'ACCENT CIRCONFLEXE.

63. Adèle, Valère va te dire, à midi, que le père de Jérôme ira, en été, à Dôle, à Lodève, à La Réole, à Tarare, à Bâle, à Rivoli, à Udine, à Rome, à Vérone. à Tolède et à Madère.

64. La mère de Zoé a lu, à Bade, une satire morale de Pope à René, à Anatole, à Pilate, à Remi, à Irène, à Fare, à Aline et à Zulima.

65. Émile sera fêté à Savone, à Novare, à Tivoli, à Bude, à Lure et à Vire.

66. Madame Molina numérote sa jupe, sa robe de popeline, sa pélerine de bure et sa petite râpe fine.

11° LEÇON

DU C, DU G, DE L'H.

67. *Combien de son le C a-t-il ?*

68. Le C a deux sons, il a celui de l's et celui du k : race, cage.

69. *Dans quel cas le C a-t-il le son de l's ?*

70. Le C a le son de l's lorsqu'il est suivi immédiatement ou de l'e, ou de l'i : cela, ceci, face, cire, noce.

71. *Dans quel autre cas le C a-t-il le son du k ?*

72. Le C a le son du k lorsqu'il est suivi immédiatement ou de l'a, ou de l'o, ou de l'u : cave, côte, cuve, encore, vacance, courage.

73. *Combien le G a-t-il également de sons ?*

74. Le G, suivi immédiatement d'une voyelle quelconque, a aussi deux sons; il en a un doux ou celui du j : juge, il en a un dur ou un guttural : gamine.

75. *Dans quel cas le G a-t-il le son du j ?*

76. Le G a le son du j lorsqu'il est suivi immédiatement ou de l'e, ou de l'i : page, sage, imaginé, girafe.

77. *Dans quel autre cas le G a-t-il un son dur ou un son guttural ?*

78. Le G a un son dur ou un son guttural lorsqu'il est suivi immédiatement ou de l'a, ou de l'o, ou de l'u : cigale, fagotage, figure, ganse, goûté.

79. *Dans quelque mot que ce soit, quel son a l'H ?*

80. Dans quelque mot que ce soit l'H est toujours nul, c'est-à-dire qu'il ne fait jamais entendre aucun son : habile, hélice, hôte, humide, hibou, honte.

12ᵉ LEÇON

EXERCICES ORTHOGRAPHIQUES SUR LES MOTS FORMÉS DES SYLLABES : CA, GU, HI, KA, CE, GO, QU, GA, ETC.

81. Cave, habile, figure, calice, gamine, humanité, piqûre, girafe, kilo, féroce, capitale, fagotage, légitime, facile, habitude, bocage, ceci.

82. Honoré, malice, origine, camarade, image, hôte, menace, képi, école, curé, juge, carafe, humide, colère, cigale, potage, cuve, vorace, ménage.

83. Carême, civil, sage, cela, habileté, noce, racine, canapé, médecine, caricature, fagoté, police, carabine, pâturage, ménagère, cane, orage, menacé.

13ᵉ LEÇON

EXERCICES ORTHOGRAPHIQUES SUR DES PHRASES DONT QUELQUES MOTS SONT FORMÉS DES SYLLABES : CA, GU, HI, KA, CE, GO, QU, GA, ETC.

84. Caroline, la mère de Boniface va te lire, à la hâte : Homère, Hérodote, Pythagore, Horace, Tacite, Racine, Pope, Ovide, même une note de Mécène.

85. Luce a vu Cécile et Hélène à Canino, à Nice, à Genève, à Novare, à Tivoli, à Rovigo, à Bâle, à Udine, à Vire et à Tarare.

86. Le père de Céline ira du Tage au Pô, du Pô au Danube, et du Danube à la Néva.

87. Aline examine une cigale de cire, une cage de Bohême, une lyre de Malaga, une carafe de la Sicile et une image de Riga.

14ᵉ LEÇON

EXERCICES ORTHOGRAPHIQUES SUR LES MOTS FORMÉS DES SYLLABES : AU, IN, AI, EN, IM, AM, EU, EM, ON, OI, OM, ETC.

88. Aumône, aimé, infini, entêté, impure, audace, enluminé, euménide, ange, aile, empire, ondulé, ambigu, infidèle, aube.

89. Antipode, ou, injure, aide, imbu, antilope, individu, amputé, aurore, il, impoli, once, et, aubade, anse, intime, auréole.

90. Un, ailé, indocile, antipape, autorité, impuni, encore, aigu, enfariné, augure, ambigu, auge, enture.

15ᵉ LEÇON

EXERCICES ORTHOGRAPHIQUES SUR DES PHRASES DONT QUELQUES MOTS SONT FORMÉS DES SYLLABES : AU, IN, AI, EN, IM, AM, EU, EM, ON, OI, OM, ETC.

91. Eugène ira, en été, à Eu, à Tarare, à Aumale, à Lure, à Ancône, à Savone et à Catane. Et là, en élève sage et docile il lira : Euripide, Homère, Hérodote, Horace, Tacite et Racine.

92. Papa aime Léon et Remi; il dirige Angèle et Aude; il félicite Anatole, Zulima, Adèle, Aure, Fare, Molina et Pilate.

93. Caroline a vu et examiné, samedi, à une noce : un invalide, un pilote, un more, un amputé de la Fère et un pirate de la Bohême.

94. Anatole de Lodève sera un élève impoli, indocile, entêté, avare, volage et infidèle.

16ᵉ LEÇON

EXERCICES ORTHOGRAPHIQUES SUR LES MOTS FORMÉS DES SYLLABES : POU, FON, POI, TAN, LIN, COU, CEN, CIN, CAN, SIN, ETC.

95. Poule, fontaine, poire, tante, linge, saumon, mensonge, lapin, boule, neveu, maire, pendule, boîte, lundi, capitaine, matin, honte, mouton, noire, domaine, notaire, moulin, toile, melon, romance, bonté.

96. Futaine, monde, route, maman, louve, aventure, sentimentale, boulangère, laine, menton, étoile, semaine, voiture, jeudi, mince, épaule, potiron, voilé, douce, salutaire, moine, sauvage, vindicative.

97. Centime, coucou, médecin, vacance, courage, vicomte, centaine, coupole, contenu, cantine, capucin, contente, coutume, raconté, centenaire, récompense, considéré, vacante, coupure, pélican, seconde, haute.

98. Éponge, savon, militaire, parente, meule, vendange, conférence, savante, moulure, orange, solitaire, semence, santé, romaine, couture, pantalon, enfance, avoine, vicaire, conte, bâton.

17ᵉ LEÇON

EXERCICES ORTHOGRAPHIQUES DONT LA PLUPART DES
MOTS SONT FORMÉS DES SYLLABES : POU, FON, POI,
TAN, LIN, COU, CEN, EIN, CAN, SIN, NOI, GEN, ETC.

99. A son âge, Valentin a déjà vu le Poitou, la
Touraine, le Maine, même le comté de Nice.

100. Laurence, ta maman ira, en mai : à Toulon, à
Pau, à Nancy, à Dijon, à Mende, à Melun. à Valence,
à Vendôme, à Mirande et à Oléron.

101, Aubin, ton ami Hilaire va te lire, à une heure :
une romance de Pindare, une tirade de Fénelon, une
ode de La Fontaine et une note de Cicéron.

102. Éloi a vu Mirande, Sedan, Mâcon, Vendôme,
Dinan, Redon, Orange, Toulon, Fontenay, Pau, Milan, Udine et Turin.

103. Le maire de Meudon récompensera, jeudi, à
midi : Antoine, Maurice, Sabin, Hilaire, Simon, Laurence, Pauline et Laure.

104. Ma tante, Morin me demande, de Nice, du saumon, ou de la Loire, ou de la Gironde, ou de la
Durance.

105. Madame Valentin lavera, samedi, sa laine noire,
sa toile de lin, sa futaine de coton, sa capote neuve et
son linge fin.

18ᵉ LEÇON

DES MOTS DU NOMBRE SINGULIER ET DU NOMBRE PLURIEL

106. *Quels sont les mots du nombre singulier?*

107. Les mots du nombre singulier sont ceux qui ne représentent qu'une seule personne ou qu'une seule chose : homme, fille, maison, étoile.

108. *Comment écrit-on les mots du nombre singulier ?*

109. Comme les mots du nombre singulier ne représentent qu'une seule personne ou qu'une seule chose, on les écrit généralement sans un s ou sans un x final : roi, maire, mouton, fontaine, neveu, bijou.

110. *Parmi les mots du nombre singulier n'y en a-t-il pas quelques-uns qu'on écrit comme les mots du nombre pluriel, ou que l'on termine par un s ou par un x ?*

111. Oui, parmi les mots du nombre singulier il y en a quelques-uns qu'on écrit comme les mots du nombre pluriel, ou que l'on termine par un s ou par un x : un héros, des héros; un fils, des fils; une voix, des voix.

112. *Maintenant, quels sont les mots du nombre pluriel?*

113. Les mots du nombre pluriel sont ceux qui représentent plusieurs personnes ou plusieurs choses de même espèce : enfants, femmes, villes, arbres.

114. *Comment écrit-on les mots du nombre pluriel ?*

115. On écrit généralement les mots du nombre pluriel par un s ou par un x final : notaires, moutons, olives, rois, fontaines, neveux, bijoux.

19ᵉ LEÇON

EXERCICES ORTHOGRAPHIQUES SUR LES MOTS DU NOMBRE SINGULIER ET DU NOMBRE PLURIEL LES PLUS FACILES A ÉCRIRE, OU FORMÉS DES SYLLABES : POI, LI, JEU, RAN, MI, CIN, RU, SON, FI, TON, SA, ETC.

116. Poire. olives. ami. joujoux. orange. pères. amande. noces. ruban. boîtes. notaire. poules. singe. tulipes. boudin. têtes, potence. laines. parente. jupon. romaine. vérités. robe. maires. fontaine. moulins.

117. Pendule. pompes. mandarin. tubes. moine. moutons. fève. étoiles. boulangère. jupes. capitaine. neveux. solive. voitures. lampes. matelots. militaire. pantalons. futaine. balances. soupe. mamelons. semence.

118. Sages. vilaine. pensives. savante. honteuses. mince. rondes. cube. domaines. rente. potirons. capucins. voile. lingères. salon. députés. gencive. girafes. louve. populaires.

119. Convenance. laide. canton. vivantes. douce. fantômes. conte. amiraux. volontaire. conférences. haute. marins. coupe. timbales. légende. semaines. patente. lapidaires. centaine. mourantes.

120. Jambe. bouton**s**. tempête. **lampes.** épaule. bâtons. mécontente. saumons. bombe. vicaires. donjon. humaines. balance. jambons. cantine. pompes. hautaine. volonté.

121. Les. nous. des. vos. mes. vous. tes. pas**.** ses. eux. dans. aux. ces. nos. son.

20° LEÇON

EXERCICES ORTHOGRAPHIQUES SUR DES PHRASES NE CONTENANT QUE DES MOTS DU NOMBRE SINGULIER ET DU NOMBRE PLURIEL LES PLUS FACILES A ÉCRIRE, OU FORMÉS DES SYLLABES : POI, LI, JEU, RAN, MI, CIN, RU, SON, FI, TON, SA, etc.

122. Papa, mon bon et doux papa, je vous demande, moi, Henri, sur les avis de ma mère, des bonbons de Melun, des poires de Dijon, des fèves de Vendôme, des olives de Nice, des oranges de Rome et des mûres de Turin.

123. Jules a vu, à Paris, au mois de mai, et dans un joli salon : des comtes, des barons, des vicomtes, des généraux et des députés. Là, il a encore vu, même admiré, un mandarin, un maure, un japonais et un saxon.

124. Nicolas aura, jeudi, à deux heures : une lance, une carabine, des canons, des bombes, des obus, des bidons et un képi doré.

125. Le médecin du roi va faire boire une médecine salutaire à un jeune capucin de Confolens ou de Mirande.

126. Lundi matin, à six heures douze minutes
Laurence a entendu le coucou sur un sapin, non su
une côte.

127. Ma tante Laure ira seule, en été : à Coutance
à . . . . . ., à . . . . . ., à Mâcon et à . . . . . .

21ᵉ LEÇON

EXERCICES ORTHOGRAPHIQUES SUR DES PHRASES QU
ONT DES MOTS INACHEVÉS, DU NOMBRE PLURIEL LE
PLUS FACILES A ÉCRIRE, OU FORMÉS DES SYLLABES
POI, LI, JEU, RAN, etc., ET AUXQUELS IL MANQU
UNE LETTRE FINALE REMPLACÉE PAR UNE TRAÎNÉ
DE PETITS POINTS.

128. Antoine a vu, au. . . fête. . . et au foire. .
de Melun et de Dijon des timbale. . ., des coupe, .
des lime . . . fine. . ., des virole. . ., des domino. .
des badine. . ., des lyre. . ., des jeu. . . de boule. .
et des pendule. . . neuve . . . de Genève.

129. Hilaire aime les poule . . ., les cane . .
les dinde. . ., les lapin. . ., les mouton. . ., les l
ma. . ., les âne. . ., les mule. . ., les girafe. . ., l
daine. . ., les serin. . ., les colombe. . . et les m
lan. . .,

130. Madame Lafontaine fera faire, en été ou
automne : deu. . . robe . . . de popeline à Luce
Poitou, si. . . jupon. . . de laine. . . à Laurence
la Touraine, di. . . jupe . . . de coton à Aure
Maine, et douze ruban . . . moiré. . . à Hélène
comté de Nice.

131. Dans des cantons du Jura, de la Loire et de la Lozère, on révère ou honore les juge... de pai..., les maire..., les curé..., les notaire..., les médecin... et les député...

132. Sabin de Mâcon aura, jeudi, à onzé heures : des poire..., des fève..., des mûre..., des olive..., des tomate..., des rave..., des potiron..., des orange..., des bonbon... et des tulipe...

22ᵉ LEÇON

DE L'S, DE L'X.

133. *Combien de sons l's a-t-il?*

134. L's a deux sons, il a celui du *c* et celui du *z* : dépense, voisin.

135. *Dans quel cas l's a-t-il le son du c?*

136. L's a le son du *c* lorsqu'il est précédé d'une consonne : anse, pensive.

137. *Dans quel autre cas l's a-t-il le son du z?*

138. L's a le son du *z* lorsqu'il est entre deux voyelles : résine, moisi, cousu, maisons, favorisés.

139. *Combien de sons l'x a-t-il?*

140. L'x a deux sons, il en a un doux et un dur : soixante, fixe, exilé, mexicaines, saxons.

141. *Dans quels cas l'x a-t-il un son doux ou un son dur?*

142. Il n'y a pas de règles pour que l'x ait un son doux ou dur, c'est l'usage qui en décide.

23° LEÇON

EXERCICES ORTHOGRAPHIQUES SUR DES MOTS OU L'*s* A

LE SON DU *c* OU DU *z*, OU L'*x* L'A DOUX OU DUR.

143. Défense. voisin. cerises. décousu. tonsure.
animosité. camisoles. magasins. ronse. oisives. mesure. civilisés. sensitive. toise. cousins. boisé. cen-
sure. roses. maisons. asile. ensemencés. voisinage.
muselé. courageuses.

144. Tonsuré. toison. raisin. misère. consenti. ai-
sance. usé. cousines. réponse. saison. visité. cise-
lures. pensives, poison. générosité. visage. sensé.
causeuses. limousine. pesantes. composé.

145. Exilés. falaises. oraison. moisi. axe. usine. en-
visagé. menteuses. convexe. saisis. tisons. oisiveté.
boxe. conjugaisons. orageuses. recousu. fixés. musi-
cale. basin. exigence. emmagasiné. fusin. buses.
amusés.

146. Maximes. faisans. pavoisé. honteuses. soixan-
taine. dangereuses. boisure. tisane. . . . . mau-
vaises. amusantes. rasé. taxe. heureuses. raison.
sensé, ..., oxygène. épouses. récompense.

24° LEÇON

EXERCICES ORTHOGRAPHIQUES OU L'*s* A LE SON DU

c OU DU *z*, OU L'*x* L'A DOUX OU DUR.

147. A soixante et un ans, papa fixera sa rési-

dence ordinaire à Aix ou en Saxe, non à Nîmes ou à Toulon.

148. Jules, ton cousin Alexis examine un vicomte saxon, il fixe sa coupe ronde de Genève, il écoute ses paroles sonores et morales.

149. Ce jeune baron a été exilé six mois dans une île américaine, où il a vu des sauvages et des bêtes féroces, où il a vécu de légumes rares, de noix, de racines amères.

150. Boniface, ton ami Alexis sera sage, bon, doux, poli ; il aura la raison de Valentin, le mérite de Félix, la moralité de Simon ; il désirera peu, il se contentera de peu, il sera heureux.

151. Ici, on taxe les moutons, les lapins, les dindes, là, on mesure la toile de lin, la futaine de coton et les rubans roses.

25ᵉ LEÇON

EXERCICES ORTHOGRAPHIQUES SUR LES MOTS QUI COMMENCENT PAR LES SYLLABES : AC, OR, AD, UR, ES, OB, AP, ER, UL, EX, IL, OP, AL, IR, etc.

152. Actives. ormes. admiré. urnes. estime. obtenu, armure. espaces. opté. absolus. ordinaires. arcades. exposés. orge. ermites. activité. urgence. organe. espéré. artifices.

153. Expiré. aptitude. ulve. espèces. alcôves. orné. aptes. armoires. octave. orbites. altérés. actes. espé-

rance. ermitage. adjugé. escapade. armes. opté.
absolu. admises. artifice. ordinaires. obtenu.

26ᵉ LEÇON

EXERCICES ORTHOGRAPHIQUES SUR DES PHRASES DONT
QUELQUES MOTS COMMENCENT PAR LES SYLLABES :
AC, OR, UR, ES, OB, AP, UL, EX, IL, OP, AL, IR, etc.

154. Valentin, ton ami Maurice de Milan ira, en été et en automne, en Irlande ou en Islande, non dans le Poitou ou dans le Limousin.

155. Ursule a vendu sa petite urne de fonte à madame Anatole, et son armoire neuve de sapin à madame Hilaire.

156. Maman me fera faire, au mois de mai, une alcôve ovale en bois de sapin, et à la mode de Rome ou de Paris.

157. Boniface, ton cousin Antoine a vu et visité, à son aise : Albi, . . ., Arles, . . ., Arcole, ... Ostende. . . . et Altona.

158. Voilà un ermite more, il admire ces ormes, ces côtes, ces pâturages, ces fontaines et ces jolis moutons mérinos de la Sicile.

27ᵉ LEÇON

EXERCICES ORTHOGRAPHIQUES SUR LES MOTS FORMÉS
DES SYLLABES : POR, FAC, VES, BAL, NIF, MAS, CAR,
NEC, POS, etc.

159. Portes. factures. vestes. carpe. amiral. vol-

cans. avec. bascules. canal. gendarmes. colonel. postes. sultan. mordus. lecture. cornes. larmes. canif. marmites. perpendiculaires. estomac. cocardes. culture. peste.

160. Histoire. service. calculés. percale. vertus. multitude. monastères. général. perdus. mastic. culbute. hardis. posture. tabac. horloges. civil. sultane. hospice. costumes. carnaval. concorde. vastes. asperges.

161. Germe. discorde. servantes. partagés. conserves. masculin. portatives. circulaires. vertes fortune. escarpé. casernes. mardi. moutarde. abordé. colportage. garniture. calcul. nocturne. écarlate. gesticulé.

162. Car di nal. em por tés. cor da ges. dor man te. per ca li ne. in fi ni tif. hor ti cul tu re. a bor da ge. pis tons. lis te. ca po ral. sa tis fai tes. ser mon. ou-ver tu res. a lar me. for ges. sur fa ce. dis pu tes.

163. Per ma nen ce. ob ser vé. par fai te. lar ge. cal ci né. en dor mis. a mer tu me. ges tes. par fu mé. fes ton. dis tan ce. car tes. mer les. tar ti ne. bas cu le. ger me. mor su re.

28° LEÇON

EXERCICES ORTHOGRAPHIQUES SUR DES PHRASES DONT QUELQUES MOTS SONT FORMÉS DES SYLLABES : POR, FAC, VES, BAL, NIF, MAS, CAR, NEC, POS, ETC.

164. Victor aura du mérite et de la vertu, car il détestera le mensonge, la vanité, le faste, le vol, le jeu, le luxe et la colère vindicative.

165. Céléstin a vu Gap, Laval, Colmar, Épinal, Sisteron, Jonzac, Calvi, Corte, Sartène, Bergerac, Lectoure, Marmande, Ribérac, Bernay, Montargis, Saumur, Nérac, Épernay, Verdun, Saverne, même Barcelone, Parme, Palerme, Berne et Berlin.

166. Hortense, Hector va te lire une histoire morale où on parle de Virgile, de Caton, de César, de Cicéron, de Mécène, de Catilina, de Néron, de Pascal, de Fénelon, de Balzac, de Milton, de La Fontaine, de Byron, de Voltaire et de Zénon.

167. Madame Marcel me demande, ce matin, du Mans, et par une carte postale : du jambon fumé, du boudin, de la moutarde, du savon, du pâté de Paris et de la carpe de la Gironde.

168. Nous, Henri, Simon, Martin, Victor et Valentin nous ferons, lundi, mardi et jeudi, de petites cartes murales de la Loire, du Cantal, de la Meuse, du Calvados et de la Durance.

29ᵉ LEÇON

EXERCICES ORTHOGRAPHIQUES SUR LES MOTS FORMÉS DES SYLLABES : QUE, GON, QUI, GAN, QUÉ, GOL, DUI, GUÊ, ETC.

169. Cantiques. liquide. piqués. conquêtes. digues. quinine. guêpes. boutique. fatigué. enquête, guère. bagues. évêque. liquidé. gaule. modique. ganté.

requête. coquine. longues. remarqué. vagues. portique. mesquines.

170. Mélancolique. gondole. conduite. golfes. domestiques. longue. élégantes. casques. embarqué. luisantes. quiconque. ganse. distingués. équivalente. figues. épuisé. masques.

30ᵉ LEÇON

EXERCICES ORTHOGRAPHIQUES SUR DES PHRASES DONT QUELQUES MOTS SONT FORMÉS DES SYLLABES : QUE, GON, QUI, GAN, QUÉ, GOL, DUI, GUÊ, ETC.

171. Oui Jacques, oui, je sais que ton ami Dominique a resté deux mois à Angoulême, et que, là, il a vu et remarqué, à une superbe fête : un marin du Portugal, un duc de la Toscane et un baron de la Belgique.

172. Véronique mangera, lundi ou mardi matin, à 10 ou 11 heures, des confitures, des figues, des amandes, des cerises, des noix, des mûres et des oranges de Nice ou de Rome.

173. Le domestique du comte de Volvic élève un mouton, un lama, une mule, une daine, une girafe, une louve et un dogue.

174. Nous, Pauline, Adèle, Céline et Laure, nous savons toutes que Célestine remarqua et admira, à une foire de Pau, des casques, des bagues, des coupes ovales et des timbales de la Belgique.

175. Mon cousin Basile ira, à la fin de mai, à Nîmes, où il visitera et examinera, en artiste distingué, les Arènes, la porte de César, où il parlera dans des conférences sur la morale évangélique, à un évêque du Tyrol, à un moine irlandais, à un cardinal de la Norvége et à un duc de la Toscane.

31ᵉ LEÇON

DES MOTS QUI OFFRENT LES PREMIÈRES DIFFICULTÉS ORTHOGRAPHIQUES

176. *Quels sont les mots qui offrent les premières difficultés orthographiques ?*

177. Les mots qui offrent les premières difficultés orthographiques sont ceux qui ont un ou deux e muets nuls, ou ceux qui sont terminés ou par un t nul, ou par un z ou par un r précédé d'un e muet ayant le son d'un e fermé : soie, soierie, mangez, porter, etc.

178. *Pourquoi les mots qui sont terminés ou par un t nul ou par un z ou par un r précédé d'un e muet ayant le son d'un e fermé offrent-ils les premières difficultés orthographiques ?*

179. Si les mots qui sont terminés ou par un t nul ou par un z ou par un r précédé d'un e muet ayant le son d'un e fermé etc, offrent les premières difficultés orthographiques, cela provient de ce qu'on ne les écrit pas tels qu'on les prononce : mangez *(mangé)* porter *(porté)*.

32ᵉ LEÇON

EXERCICES ORTHOGRAPHIQUES SUR LES MOTS OFFRANT LES PREMIÈRES DIFFICULTÉS DE L'ORTHOGRAPHE, OU QUI ONT UN t OU UN e FINAL NUL ET CEUX DONT L'e MUET PRÉCÉDANT LE z ET L'r FINAL A LE SON D'UN e FERMÉ.

180. Adorez. maudit. lisez. menue. armer. petit. venir. pouvez. fait. boue. devez. lait. joies. dispenser. morue. objet. rêvez. dormant. finir.

181. Punies. voulez. poulet. retenir. savez. lisant. demander. noues. tantôt. dépenser. jolies. avertir. mangez. foie. défait. mentir. roues.

182. Buvant. écoutez. oies. détenues. contant. soie. partage. vendue. savant. finir. pistolet. adorer. émue. soutenir. serpent. demandez. cornet.

183. Génie. boulanger. mordue. bosquet. oranger. barbarie. mangez. satisfait. absolu. berger. démolir. voie. parlant. ortie. remarquez. suspendue. martinet imagerie. avancez.

33ᵉ LEÇON

EXERCICES SUR DES PHRASES OFFRANT LES PREMIÈRES DIFFICULTÉS DE L'ORTHOGRAPHE, OU DONT QUELQUES MOTS ONT UN t OU UN e FINAL NUL, OU UN e MUET PRÉCÉDANT LE z ET L'r FINAL AYANT LE SON D'UN e FERMÉ.

184. Mon papa doit venir ici à midi ou à une heure, il sera vêtu en juge de paix, il nous dira, avec son air ordinaire :

185. Jeunes amis, écoutez les sages avis de vos pères et de vos mères; évitez le mal, secourez les infirmes et les infortunés. Voilà, à dix ou douze ans, ce que vous pouvez déjà faire un peu, vous devez le sentir.

186. César fut un conquérant rare et heureux, car il fit la conquête de toute la Gaule en général habile et courageux, et à son avantage; on le voit par son histoire.

187. Nous devons tous aimer, estimer, féliciter et honorer ceux qui ont du génie, du courage, du mérite, de la justice et de la bonté.

188. La robe de soie de Léonie, la jupe de futaine de Laurence et la pélerine rose de Célina ont été vendues, mardi matin, à dix heures, à une modiste de Paris, demeurant rue de la Paix, numéro douze.

34° LEÇON

EXERCICES ORTHOGRAPHIQUES SUR DES PHRASES QUI ONT DES MOTS INACHEVÉS CONTENANT LES PREMIÈRES DIFFICULTÉS DE L'ORTHOGRAPHE, OU AUXQUELS IL MANQUE UNE LETTRE FINALE NULLE REMPLACÉE PAR UNE TRAÎNÉE DE PETITS POINTS.

189. Mari....., Pauline, Fani....., Hortense et Eugéni.... on.... fai..., défai.... et refai.... des robes, des capotes, des jupes, des camisoles et des pélerines.

190. Oui, maman sai.., mon peti... ami Benoî.., que ton cousin Dupon... a vu Mantou..., Milan, Padou..., Turin..., Pavi..., Venise et Parme.

191 Jacques, mon enfan..., écoute... un peu ce que je vais vous dire, car ce sera bon et utile : Buve... du vin, non de la limonade, mange... des poires, non des figues, lise... des cantiques, non des romans.

192. Nous le répétons ici, la morale nous y force : il fau... aide... les infirmes, secourir les malheureux, soulage... la misère, encourage... ie mérite et récompens... la vertu.

193. Les lingères et les modistes de madame Dumon... seron..., sous peu, ou puni..., ou honoré..., ou avili..., ou exilé...

194. Vincen..., Aubin, Benoî..., Antoine, Lauren...., Victor et Anice.... iron...., en été ou en automne : Dans la Picardi...., la Normandi...., la Vendé...., le Limousin et le Nivernais, même en Itali..., où ils habiteron... un peu la Toscane et la Sicile.

446. Après Homére, Virgile est le plus remarquable des poëtes anciens, il naquit à Mantoue, et vivait à Rome, du temps de César Auguste.

447. *Combien cet exemple a-t-il de substantifs propres, et quels sont ces substantifs ?*

448. Cet exemple a six substantifs propres, qui sont les mots : Homère, n° 1 ; Virgile, n° 2 ; Mantoue, n° 3 ; Rome, n° 4 ; César, n° 5 ; Auguste, n° 6.

484. La terre tourne sur elle-même et autour du soleil.

485. La, n° 1, est un article simple du genre féminin et du nombre singulier.

486. Terre n° 2, est un substantif commun du genre féminin et du nombre singulier. etc.

498. Socrate est le premier philosophe connu qui ait dit et soutenu que notre âme est immortelle.

499. Socrate, n° 1, est . . . . etc.